BEI GRIN MACHT SICH IHR WISSEN BEZAHLT

- Wir veröffentlichen Ihre Hausarbeit, Bachelor- und Masterarbeit

- Ihr eigenes eBook und Buch - weltweit in allen wichtigen Shops

- Verdienen Sie an jedem Verkauf

Jetzt bei www.GRIN.com hochladen und kostenlos publizieren

GRIN

Unternehmenskultur und Wirtschaftsethik. Die GLOBE-Studie

Stakeholder-Theorie, Drei-Eben-Modell und das Lernmodell

Moritz Kleforn

Bibliografische Information der Deutschen Nationalbibliothek:

Die Deutsche Nationalbibliothek verzeichnet diese Publikation in der Deutschen Nationalbibliografie; detaillierte bibliografische Daten sind im Internet über http://dnb.d-nb.de abrufbar.

ISBN: 9783346570413
Dieses Buch ist auch als E-Book erhältlich.

© GRIN Publishing GmbH
Nymphenburger Straße 86
80636 München

Druck und Bindung: Books on Demand GmbH, Norderstedt Germany
Gedruckt auf säurefreiem Papier aus verantwortungsvollen Quellen

Das Buch bei GRIN: https://www.grin.com/document/1163956

Einsendeaufgabe

Alternative C

Hochgeladen am 20.04.2020 im Hochschulmodul.

Modul: Unternehmenskultur und Wirtschaftsethik

Studiengang: Betriebswirtschaft und Management (B. A.)

<u>Von</u>

Moritz Tim Alexander Kleforn

INHALT

ABKÜRZUNGSVERZEICHNIS

bzw.	beziehungsweise
bspw.	beispielsweise
bzgl.	bezüglich
ggf.	gegebenenfalls
s.	siehe
sog.	sogenannt
u. ä.	unter ähnliches
z. B.	zum Beispiel
zw.	zwischen

ABBILDUNGSVERZEICHNIS

TABELLENVERZEICHNIS

1 VEREINBARUNG DER STAKEHOLDER-THEORIE MIT DER PFLICHTENETHIK UND DEM UTILITARISMUS

Stakeholder werden als "those groups without whose support the organization wolud case to exist"[1] bezeichnet. Die Wurzeln der dazugehörenden **Stakeholder-Theorie** stammt wohl aus dem Jahr 1932 in dem Berle und Means (1932) zu dem Entschluss kamen, dass weder die traditionelle Sichtweise der alleinigen Ausrichtung auf die Interessen der Aktionäre[2], noch die Unternehmensführung im weitestgehenden Eigeninteresse der Manager zu empfehlen sind,[3] sondern "a third possibility exists, however ... It ist conceivable, – indeed it seems almost essential if the corporate system ist o survive, – that the control oft he great corporations should develop into a purely neutral technocracy, balancing a variety of clains by various groups in the communtiy an assigning to each a portion of the income stream on the basis of public policy rather than private cupidity."[4] So sind die wichtigsten Hauptteilnehmer der Unternehmung die Beschäftigten, Lieferanten, Distributoren, Kapitalanleger und Konsumenten.[5]

Die Stakeholder-Theorie ist zwar deskriptiv, da sie reale Phänomene, wie z. B. das Entscheidungsverhalten der Manager beschreibt, erklärt und ggf. darauf fußende Prognosen abgibt,[6] aber auch oft normativ argumentierend, da die benötigte Berücksichtigung von Stakeholder-Interessen nicht ökonomisch sondern bspw. aus ethisch-moralischen Erwägungen begründet wird. Dabei ist laut Donaldson und Preston (1995) die Gültigkeit der Theorie letztlich normativ zu rechtfertige, da die Basis ebendieser die normative Feststellung ist, dass Menschen durch ihre eigenen Interessen zu Stakeholdern der Unternehmung werden ("(t)he interests of all stakeholders are of intrinsic value. That is, each group of stakeholders merits consideration for its own sake."[7]) und so von Managern beachtet werden müssen.[8]

---

[1] Wentges (2002), S. 88; zitiert nach Freeman (1984), S. 31
[2] Vgl. Wentges (2002), S. 88; zitiert nach Berle/Means (1932), S. 345
[3] Vgl. Wentges (2002), S. 88, 89
[4] Wentges (2002), S. 89; zitiert nach Berle/Means (1932), S. 355, 356
[5] Wentges (2002), S. 90; zitiert nach March/Simon (1976), S. 85 und folgende
[6] Vgl. Wentges (2002), S. 93, 94
[7] Wentges (2002), S. 95; zitiert nach Donaldson/Preston (1995), S. 67
[8] Vgl. Wentges (2002), S. 95; zitiert nach Donaldson/Preston (1995), S 82 und folgende

Betrachtet man die **Pflichtethik**, die das wichtigste ethische System der deonto-
logischen Ethik ist,[9] werden Immanuel Kants ewige und abstrakte Prinzipien
deutlich, die die Menschen aus seiner Sicht bei allen ethischen Fragen bzgl. der
Moral anwenden sollen.[10] So glaubte er, dass der Mensch keine Kirche bräuchte,
um Prinzipien für richtiges ethisches Verhalten zu erkennen, sondern die eigene
Vernunft, die ihm sagt was moralisch richtig ist.[11] Dabei sollte der kategorische
Imperativ bei jedem moralischen Problem angewandt werden, unabhängig da-
von, wer betroffen ist und wer dadurch Nachteile oder Vorteile hat.[12] Ganz nach
der Prämisse „Handle nur nach derjenigen Maxime, durch die du zugleich wollen
kannst, dass sie ein allgemeines Gesetz werde."[13] Es geht darin um die Frage
der Konsistenz einer Handlung, in dem die selbstgesetzten Regeln eigenen Handelns auch dann noch gewollt sind, wenn sie von jedem angewendet werden.[14]
Die Maxime muss also generalisierbar sein, damit so moralisch integer ist.[15]

Eine andere Version des praktischen Imperativs besagt: „Handle so, dass du
Menschheit sowohl in deiner Person als in der Person eines jeden anderen je-
derzeit zugleich als Zweck, niemals bloß als Mittel brauchst."[16] Dabei geht es darum, Menschen als selbstständige, rationale Akteure zu betrachten, den man
zwar als Mittel gebrauchen kann, aber ihn auch gleichsam als Zweck gebrauchen
soll, sodass man ihn als Person anerkennt und nicht als reinen Funktionsträger.[17]

Im Allgemeinen hat Kants Ethikmodell großen Einfluss auf die Gesellschaften
Europas, aber auch auf die europäische Wirtschaft: „Der kategorische Imperativ
wird in der Wirtschaft heute öfter angewendet, als es den meisten Akteuren be-
wusst ist."[18] So stellt sich bspw. für die Rederei AIDA mitunter die Frage, ob es
dem Klimawandel und den nachfolgenden Generationen zuträglich ist, weiterhin
vermehrt mit Schweröl ihre Kreuzfahrtschiffe zu betanken. Beachtet man Kants

[9] Bauer/Arenberg (2018), S. 33
[10] Vgl. Bauer/Arenberg (2018), S. 23
[11] Vgl. Bauer/Arenberg (2018), S. 24
[12] Vgl. Bauer/Arenberg (2018), S. 24
[13] Vgl. Bauer/Arenberg (2018), S. 24; zitiert nach Kant/Weischedel (2014), S. 51
[14] Vgl. Bauer/Arenberg (2018), S. 24
[15] Vgl. Bauer/Arenberg (2018), S. 24
[16] Bauer/Arenberg (2018), S. 24; zitiert nach Kant/Weischedel (2014), S. 61
[17] Vgl. Bauer/Arenberg (2018), S. 24
[18] S. 25; zitiert nach Schüz (2017), S. 146

Imperativ muss sich das Unternehmen, bzw. dessen Management die Frage stellen, ob es das eigene Handeln dann noch für legitim hält, wenn es allgemein angewendet werden würde. Das würde bedeuten, dass dadurch die Folgewirkungen des Klimawandels für die Nachfolgegeneration, so auch für die eigenen Kinder, dramatischer wäre.

Münzt man die Kant´sche Ethik auf die Stakeholder-Theorie um, so kann eine gewisse Grundlage für ebendiese erkannt werden. So fordert die Theorie, dass Stakeholder nicht nur als Mittel zum Zweck angesehene werden, sondern als Gruppe mit eigenen legitimen Interessen und Zielen. Deshalb sollten sie Würdigung auch dadurch erfahren, dass sie Einfluss auf das Unternehmen bekommen. Diese Ansichten gehen mit der Pflichtethik konform.[19]

Der **Utilitarismus** dagegen folgt einem anderen Ansatz. Es handelt sich dabei um eine Form der konsequantischen Ethik und verfolgt die Theorie, dass Freude und Leid die wichtigsten Pole sind, wenn es darum geht, das Verhalten des Menschen zu beherrschen.[20] Dabei steht eine Regel im Fokus, die die Freude möglichst vieler Menschen maximieren soll – das sog. „größte Glücksprinzip": „It is the greatest happiness of the greatest number that is he measure of rights and wrong."[21] Auch wenn Bentham – der Begründer dieser Theorie – eine Handlungsmöglichkeit nach dem Maßstab „minimiere Leben – maximiere Freuden" bewertet, stellt sich die Frage, wie die verschiedenen Formen von Freude und Leid bewertet werden.[22] Dafür legte er fest, dass eine Freude gewichtiger ist, die mehr Intensität, Gewissheit, Reichweite, Fruchtbarkeit und Reinheit mit sich bringt. Hinzukommt die soziale Verantwortung gegenüber der Gruppe, so soll nicht nur auf die eigene Freude ein Fokus liegen, sondern auch die der Gruppe.[23]

Im Gegensatz zur Pflichtethik gibt es somit zwischen dem Stakeholder-Prinzip und dem Utilitarismus Unterschiede, da für den Utilitarismus eine Handlung moralisch nur richtig ist, wenn das Ergebnis des größte Gut für die Mehrheit der

---

[19] Vgl. Bauer/Arenberg (2018), S. 66
[20] Vgl. Bauer/Arenberg (2018), S. 29
[21] Bauer/Arenberg (2018), S. 29; zitiert nach Schüz (2017), S. 101
[22] Bauer/Arenberg (2018), S. 29
[23]

Betroffenen bringt, sodass einzelne Betroffene instrumentell behandelt, und somit vernachlässigt werden können.[24]

Um ethische Probleme mittels Utilitarismus lösbar zu machen, dient das sog. utilitaristische Kalkül, welches folgendermaßen theoretisch zusammengefasst werden kann:[25] Nachdem die Handlung verbalisiert wurde, findet die Identifizierung von Betroffenen jedweder Art statt, sowie die Ausarbeitung der guten und schlechten Folgen für ebendiese. Im Anschluss werden die Folgewirkungen für direkt und indirekt Betroffene unter Berücksichtigung juristischer, ökologischer, ethischer, ästhetischer, religiöser und imagebezogener Werte abgewogen und priorisiert. Danach erfolgt eine Zusammenfassung aller guten und schlechten Konsequenzen und deren Einstufung (wenn die guten Konsequenzen überwiegen, ist die Handlung moralisch gut), bevor Alternativhandlungen ebenso analysiert und mit dem anderen Ergebnis verglichen werden. Letztendlich wird die Handlung priorisiert, die das beste moralische Ergebnis vorzuweisen hat.

Um das Kalkül anhand eines praktischen Beispiels deutlich zu machen, wird eine sog. Schaden-Nutzen-Bilanz angewendet – die sich sog. TILLYS[26] bedient, dessen Anlass der derzeitige „shut down" aufgrund der Pandemie ist, wodurch eine Firma in Schieflage geraten ist und die Frage nach Mitarbeiterentlassungen im Raum steht, um die Firma zu retten.[27]

---

[24] Vgl. Bauer/Arenberg (2018), S. 67
[25] Vgl. Bauer/Arenberg (2018), S. 30; zitiert nach Schüz (2017), S. 113
[26] TILLY = Einheit für Lust oder Freude; je mehr ein Einfluss Freude erzeugt, desto größer ist der TILLY-Wert. So kann es auch einen negativen Wert geben. Der Zahlenwert ergibt sich aus der Formel: Menge (M) * Anzahl (A)
[27] Staatshilfen wurden bei diesem Beispiel ignoriert.

Stakeholder	positiver (+) oder negativer (-) Einfluss	Menge (M) an Freude bzw. Schmerz (TILLYS) pro Person	Anzahl (A) der potentiell betroffenen Personen	Summe
Shareholder	Vermeidung der Insolvenz (+)	5	1.400.000	7.000.000
	Erhöhung des finanziellen Ertrags (+)	3	1.400.000	4.200.000
	Zukunftsbedenken des Firmenbestehens (-)	-2	1.400.000	-2.800.000
Manager	Psychologische Belastung durch Entlassungen (-)	-20	105	-2.100
	Eigene Bedeutung bzgl. zu treffenden Entscheidungen (+)	20	105	2.100
Verbleibende Mitarbeiter	Keine Angst und Sorgen mehr (+)	30	42.000	1.260.000
	Lohnfortzahlung (+)	50	42.000	2.100.000
	aus Dankbarkeit mehr leisten (+)	5	42.000	210.000
	Schuldgefühl, weil man die Stelle behalten hat (-)	-20	42.000	-840.000
	Angst vor einem zukünftigen Stellenverlust	-10	42.000	-420.000
Gekündigte Mitarbeiter	Psychologisches Trauma (-)	-50	6.000	-300.000
	Keine neue Stelle finden und Einkommensverlust (-)	-100	6.000	-600.000
	neue Stelle finden, die besser bezahlt ist (+)	100	6.000	600.000
Familien der gekündigten Mitarbeiter	genereller physischer, psychischer und wirtschaftlicher Einfluss (-)	-40	15.000	-600.000
Steuerzahler	Zusätzlich ausbezahlte Sozialleistungen und Einkommensverluste	-0,001	20.580.000	-20.580
				9.789.420

Tabelle 1: Schaden-Nutzen-Bilanz

(Quelle: Eigene Darstellung, in Anlehnung an Bauer/Arenberg (2018), S. 66; zitiert nach Schüz (2017), S. 114)

In diesem Beispiel erzeugt eine theoretische Entlassung mehr positive TILLYs, weshalb die endgültige Summe auch eindeutig positiv ist. Dies würde eine Entlassung von 6.000 Mitarbeiter unter Beachtung des Utilitarismus rechtfertigen – undenkbar für die Pflichtethik.

2 DIE GLOBE-STUDIE

Die GLOBE-Studie, dessen Akronym für „Global Leadership and Organizational Behavior Effectiveness Research Programm" steht, ist eine Forschungsaktivität des US-Amerikaners Robert J. House, die zu den relevanten kulturvergleichenden Studien zählt und sich wie folgt umschreiben lässt[28]: „GLOBE is a programmatic research effort designed to explore the fascinating and complex effects of culture on leadership, organizational effectiveness, economic competitiveness of societies, and the human condition of members of the societies studied."[29] Demnach soll fokussierend der Einfluss von Kultur auf den organisationalen Führungsstil von Führungskräften sowie auf die Organisationseffektivität, die wirtschaftliche Wettbewerbsfähigkeit von Gesellschaften und die Lebensbedingungen deren Mitglieder untersucht werden.[30] Gerade dem Führungsverhalten kommt eine besondere Bedeutung zu (s. „The ability of an individual to influence, motivate, an enable others to contribute toward the effectiveness and success of the organizations of which they are members."[31]), da die globalisierte Welt Verständnis für interkulturelle Unterschiede abverlangt und die weltweit tätigen Firmen sowohl eine multikulturelle Belegschaft haben als auch multikulturelle Wünsche befriedigen müssen.[32] So stellt die Studie die Frage, ob es bestimmte Merkmale von Führung gibt, die in jeder Kultur geschätzt werden und von einer Person als sog. „globaler Manager" effektiv genutzt und verkörpert werden kann.[33]

Um diese Frage beantworten zu können, bedient sich die Studie Kultur-Cluster und unterscheidet Praktiken und Werte auf gesellschafts- und organisationskultureller Ebene.[34]

Bei der Erstellung der Kultur-Cluster wurden 61 Gesellschaftskulturen herangezogen und in zehn Kultur-Clustern zusammengefasst, wodurch jede Gesellschaftskultur in eine der zehn Kultur-Cluster wiederzufinden ist. Dies geschah

---

[28] Schugk (2014), S. 239
[29] Schugk (2014), S. 239; zitiert nach House et al. (2004), S. 10
[30] Schugk (2014), S. 239
[31] Schugk (2014), S. 239; zitiert nach House/Javidan (2004), S. 15
[32] Schugk (2014), S. 239, 240; Brodbeck (2008), S. 19
[33] ikud-seminare (2008), o. S.
[34] Vgl. Schugk (2014), S. 242, 246

unter Beachtung einer hohen internen Homogenität und einer hohen externen Heterogenität – so wie bspw. geografischer Nähe, gemeinsamer Sprache, gemeinsamer Religion und einer gemeinsamen historischen Entwicklung.[35]

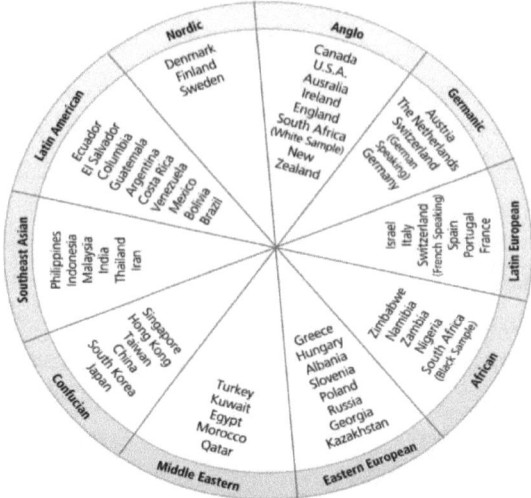

Abbildung 1: Die zehn Kulturkreise der GLOBE-Studie
(Quelle: Hagemann/Priebe/Berger (2014) S. 108; zitiert nach Holle (2007), S. 2)

Damit zw. gesellschafts- und organisationskulturellen Praktiken und Werten unterschieden werden kann, wird stellt die Studie immer zwei unterschiedliche Frageformen. Die erste Frageform befasst sich mit den derzeitig gegebenen Zuständen (sog. „practices"), die bspw. die Verhaltensweisen anspricht. Die zweite Frageform befasst sich mit den zentralen Wertvorstellungen (sog. „values"). [36]

In der Studie wurden außerdem folgende neun Kulturdimensionen klassifiziert. Machtdistanz:[37] Diese Distanz reflektiert, inwieweit Autoritäts-, Macht- und Statusunterschiede akzeptiert werden. So zeichnen sich Staaten mit einer hohen Machtdistanz dadurch aus, dass sie eine schmale Mittelschicht, starre hierarchische Strukturen und eine geringe Aufwärtsmobilität vorweisen. Im Gegenteil zu

---

[35] Vgl. Schugk (2014), S. 246, 247; zitiert nach Gupta/Hanges (2004), S. 183
[36] Vgl. Schugk (2014), S. 242, 243
[37] Vgl. Krause (2013), S. 342, 343; zitiert nach Carl et al. (2004); Javidan (2004) sowie nach Herbig und Dunphy (1998) und Shane (1992)

Ländern mit niedriger Machtdistanz, die sich durch höhere Autonomie, Flexibilität, organischen Strukturen und weniger Bürokratie auszeichnen. So lässt es den Anschein zu, dass es einen negativen Zusammenhang zw. dem Grad der Machtdistanz und Innovationen gibt.

Unsicherheitsvermeidung:[38] Der Grad der Unsicherheitsvermeidung drückt aus, wie sehr sich eine Gesellschaft bedroht fühlt und versucht, die somit aufkommende Unsicherheit durch soziale Normen, Rituale und bürokratische Praktiken zu verringern. Demnach zeigt eine hohe Unsicherheitsvermeidung eine Tendenz zum Aufstellen und Einhalten einer Menge von Regeln und Gesetzen, wonach eine niedrige Unsicherheitsvermeidung mit Toleranz für neuartige Ideen und der Offenheit für Risiken.

Institutioneller Kollektivismus:[39] Diese Dimension spiegelt den Grad wider, inwieweit institutionelle Handlungsweisen die Verteilung von Ressourcen und kollektive Aktionen fördern.

Gruppenkollektivismus:[40] Hierbei bezieht sich der Grad darauf, wie sehr Individuen Stolz, Loyalität und Verbundenheit gegenüber kleineren Gruppen, Organisationen und Familien fühlen. Demnach werden on Ländern mit hohem Gruppekollektivismus die Interessen der Gruppen einzelnen Interessen übergeordnet, wodurch die Unterschiede zw. Gruppenmitgliedern und anderen wichtig ist. Dieser Hang zur Gruppenorientierung führt zu hoher wechselseitiger Abhängigkeit, geringer Autonomie und der Neigung zu Konformität.

Gleichgerechtigkeit:[41] Diese Distanz beschreibt das Niveau der Gleichgerechtigkeit zw. den Geschlechtern. So ähneln sich Länder mit hoher Gleichgerechtigkeit im Bildungsniveau, außerdem sind sie weniger traditionell und rollenbehaftet.

Durchsetzungsstärke: [42] Die GLOBE-Dimension „Durchsetzungsstärke" beschreibt das Ausmaß, welches konfrontierendes, aggressives und selbstbewusstes Verhalten akzeptiert wird. So zeugt Durchsetzbarkeit von einer hohen Extravertiertheit, einem Autonomiestreben, dem Ergreifen von Initiativen, Pragmatismus und einer hohen Wertschätzung von Wettbewerb und Erfolg.

[38] Vgl. Krause (2013), S. 343; zitiert nach De Luque und Javidan (2004) und Hofstede (2009)
[39] Krause (2013), S. 343; zitiert nach Taylor und Wilson (2012)
[40] Krause (2013), S. 343; zitiert nach Gelfand et al. (2004) und Jani (1972)
[41] Krause (2013), S. 343; zitiert nach Emrich et. al. (2004)
[42] Krause (2013), S. 344; zitiert nach Den Hartog (2004) und Smith et al (1995), Goebel und Frese (1999)

Zukunftsorientierung: Der Grad der Zukunftsorientierung gibt an, wie sehr eine Gesellschaft ein zukunftsorientiertes Verhalten zeigt; z. B. durch Planung und Investierung.[43] Länder mit einem hohen Grad haben eine höheren ökonomischen Erfolg[44], höhere körperliche und seelische Gesundheit und ein höhere Tendenz zur Entwicklung und Umsetzung von Strategien.

Humanorientierung: Bei der Humanorientierung wird die Bereitschaft einer Gesellschaft bzgl. einem fairen, aufrichtigen, selbstlosen und empathischen quantifiziert.[45] In Staaten mit hoher Humanorientierung besteht eine höhere Bereitschaft zu Toleranz, gegenseitiger Unterstützung und Empathie.

Leistungsorientierung: Der Grad der Leistungsorientierung drückt aus, wie sehr eine Gesellschaft Leistungsverbesserung und Höchstleistung ermutigt und verstärkt.[46] Demnach zeigt ein hoher Grad in der Wertschätzung von Bildung, Weiterbildung, Übernahme von Verantwortung und aktiven Handeln.[47]

Diese Kulturdimensionen sind der Versuchsursprung, verschiedene Kulturen miteinander zu vergleichen, damit kulturelle Dissonanz und Konsonanz kategorisiert werden können und so eine erfolgreiche Kooperation zw. betroffenen Unternehmen entstehen kann.[48] Dies lässt auch den Schluss zu, dass, wenn eine Führungskraft in anderen Kulturen effektiv sein will, sie kulturspezifische Überzeugungs- und Wertesysteme verstehen muss – sie muss multikulturell orientiert sein, da es immer kulturelle Divergenzen auf der Welt geben wird.[49] So sollten bspw. folgende Kultureinflüsse besonders beachtet werden: [50] Während in kollektivistischen Kulturen ein Fehler an das Team formuliert werden sollte, sollte insbesondere in asiatischen Kulturen ebendieser unter vier Augen und mit Taktgefühl stattfinden. Auch bei Kulturen mit einem hohen Kontextbezug sollte ein Fehler umschrieben werden, allerdings auf das Team bezogen. Außerdem muss auch generell geklärt sein, wer berichten darf, da in manchen Kulturen Berichte nur von bestimmten Personen akzeptiert werden.[51]

---

[43] Vgl. Krause (2013), S. 344; zitiert nach Ashkanasy et al. (2004)
[44] Krause (2013), S. 344, zitiert nach Trompenaars und Hampden-Turnern (2010)
[45] Krause (2013), S. 344; zitiert nach Kabasakal und Bodur (2004)
[46] Krause (2013), S. 344; zitiert nach Javidan (2004)
[47] Krause (2013), S. 344; zitiert nach Anderson et al. (2004)
[48] ikud-seminare (2008), o. S.
[49] Vgl. Brodbeck (2008), S. 19
[50] Hagemann/Priebe/Berger (2014), S. 114, 115; zitiert nach Hoffmann (2004), S. 239, 240
[51] Hagemann/Priebe/Berger (2014), S. 115

3 DIFFERENZIERUNG DER UNTERNEHMENSKULTUR UND LERNKULTUR MIT HILFE DES DREI-EBEN-MODELLS UND DES LERNMODELLS

Im Allgemeinen kann eine Kultur als eine Differenzierungsstrategie einer Gruppe verstanden werden, durch die sie sich von anderen Gruppen (z. B. Staaten oder Unternehmen) abgrenzt und ihre eigenen Mitglieder (z. B. Einwohner oder Mitarbeiter/Angestellte) an sich bindet.[52] Verfolgt man die Kulturgruppe „Unternehmen" weiter, ergibt sich die **Unternehmenskultur**, die sich dadurch auszeichnet, dass sie eine Grundgesamtheit an gemeinsamen Werten, Denk- und Verhaltensmuster sowie Normenvorstellungen eines jeden Unternehmens ist.[53] Sie ist damit ein identitätsstiftender, eindeutig abgrenzbarer Stil,[54] der nach innen und außen wirkt.[55]

Die Frage nach der Entstehung einer Firmenkultur ist allerdings umstritten. So gibt es die subjektivistische Kulturperspektive, die eine Unternehmenskultur als einen organische und einen von außen nicht beliebig beeinflussbaren Entwicklungsprozess sieht, und die objektivistische Perspektive, die genau das für ein erfolgreiches Bestehen erforderlich hält.[56]

Neben den verschiedenen Perspektiven werden mittels Modellen und Typologien allgemeine Aussagen über die Wirkungszusammenhänge einer Unternehmenskultur versucht zu treffen und möglichst anschaulich dargestellt. Dabei reduziert die Typologie eine Menge von Ausprägungsmerkmalen auf wichtige kulturrelevante Faktoren, sodass eine Analyse der Unternehmenskultur vereinfacht wird.[57]

Eines dieser Modelle ist das sog. **Drei-Ebenen-Modell** nach Schein, welches einen integrativen Ansatz verfolgt, indem es sowohl die von außen sichtbaren Ausprägungen beinhaltet, als auch die unsichtbaren Elemente wie Werte, Normen und Grundannahmen.[58] Damit dies möglich ist, klassifiziert das Modell drei

---

[52] Vgl. Hagemann/Priebe/Berger (2014), S. 13; zitiert nach Hofstede (2001), S. 4
[53] Vgl. Hagemann/Priebe/Berger (2014), S. 16; zitiert nach Heinen/Dill (1986), S. 207
[54] Vgl. Hagemann/Priebe/Berger (2014), S. 16; zitiert nach Schwarz (1989), S. 30
[55] Hagemann/Priebe/Berger (2014), S. 64
[56] Vgl. Hagemann/Priebe/Berger (2014), S 69
[57] Vgl. Hagemann/Priebe/Berger (2014), S. 21
[58] Vgl. Hagemann/Priebe/Berger (2014), S. 21

Ebenen die nach dem Grad ihrer Sichtbarkeit angeordnet sind und sich mit einem sog. Eisbergmodell darstellen lassen.[59]

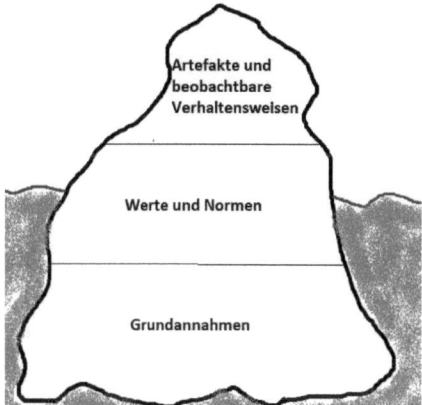

Abbildung 2: Eisbergmodell

(Quelle: eigene Darstellung, in Anlehnung an Hagemann/Priebe/Berger (2014), S. 89; zitiert nach Herbrand (2002), S. 16)

Artefakte:[60] Die oberster Ebene ist einer direkten Sichtbarkeit ausgesetzt, wobei die Bedeutung für Fremde schwer zu dekodieren ist. So sind bspw. Bekleidungs-vorschriften, die Sprache und die Architektur eines Unternehmens sog. Artefakte und sichtbare Verhaltensweisen.

Werte und Normen:[61] Die mittlere Ebene steht für die gelebten Werte und Nor-men sowie für die Ziele und Strategien. Werden ebendiese stetig bestätigt, ma-nifestieren sie sich in der untersten Ebene. Zu der teilweise sichtbaren Ebene gehören bspw. die Unternehmensgrundsätze und -philosophie.

Grundannahmen:[62] Die Annahmen in der untersten Ebene werden kaum noch diskutiert und stellen die Beziehungen zur Umwelt, zur Realität und zum Wesen des Mitarbeiters, seinen Handlungen und Beziehungen dar. Ebendiese sind im Unterbewusstsein verankert, nur schwer zu ermitteln und nicht sichtbar für die Außenwelt; dabei haben sie aber den größten Einfluss auf das Verhalten der Mit-arbeiter.

---

[59] Vgl. Schmidt (2005), S. 3
[60] Vgl. Schmidt (2005), S. 4, 5
[61] Vgl. Schmidt (2005), S. 5
[62] Schmidt (2005), S. 5

Die drei Ebenen machen deutlich, dass es sich bei einer Kultur um ein komplexes Konstrukt handelt, welches auf allen Ebenen analysiert werden muss, um verstanden zu werden.[63] Dies ist auch ein Grund, warum schnell und ohne erkennbaren Grund interkulturelle Konflikte bei zwei Vertretener verschiedener Kulturen aufkommen, wenn die beiden Eisberge metaphorische gesehen aufeinander zu treiben du die breiteren nicht sichtbaren Grundannahmen kollidieren.[64]

Der angesprochene Zeitfaktor der dritten Ebene macht deutlich, dass auch Zeit eine Rolle im Kulturkontext spielt. So gibt es auch Unterschiede in punkto Geschwindigkeit, wenn es um Veränderung (bspw. von Eben zwei zu drei) geht. Während der revolutionäre Wandel oftmals alle Werte und Grundannahmen einer Unternehmenskultur zur Disposition stellt, setzt der evolutionäre Wandel Prozesse und Konzepte in Gang, durch die sich das Unternehmen weiterentwickeln kann. Dafür ist eine Unternehmenskultur von Nöten, die offen gegenüber externen Einflüssen ist, ihre internen Strukturen flexibilisiert und ihre Mitarbeiter am Veränderungsprozess teilhaben lässt.[65]

Unabhängig von der Form des Wandels ist die Lernfähigkeit und -bereitschaft – also eine **Lernkultur** – die Grundvoraussetzung für einen Wandel der Unternehmenskultur.[66] So gibt es zwei Formen des organisationalen Lernens, von denen eine die Summe individueller Lernfortschritte ist und folglich zu Beschlüssen u. ä. führt.[67] Die andere Form versteht sich als ein System, welches mehr ist als die Summe seiner Mitglieder, da das Unternehmen eigenständig lernen kann. Dies geschieht durch das Zusammenwirken der Einzelnen, wodurch unternehmenstypische Muster des Handelns und Denkens entstehen, die vom Einzelnen unabhängig sind[68] und auf drei Ebenen laut dem **Lernmodell** von Agyris/Schön stattfinden können.[69]

---

[63] Schmidt (2005), S. 4
[64] Vgl. Hagemann/Priebe/Berger (2014), S. 89
[65] Vgl. Hagemann/Priebe/Berger (2014), S. 70
[66] Vgl. Hagemann/Priebe/Berger (2014), S. 73; zitiert nach Ghoshal/Bartlett (1999), o. S.
[67] Vgl. Hagemann/Priebe/Berger (2014), S. 73, 74; zitiert nach Lauer (2010), S. 187 und March/Olsen (1979), S. 13
[68] Vgl. Hagemann/Priebe/Berger (2014), S. 74; zitiert nach Lauer (2010), S. 188
[69] Hagemann/Priebe/Berger (2014), S. 74

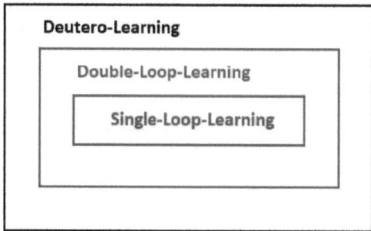

Abbildung 3: Ebenen des organisationalen Lernens
(Quelle: eigene Darstellung in Anlehnung an Hagemann/Priebe/Berger (2014), S 75; zitiert nach Lauer (2010), S. 188)

Single-Loop-Learning:[70] Mitglieder lernen mit der Zeit, auf interne und externe Veränderungen zu reagieren und ggf. Fehler und Abweichungen zu korrigieren, sodass die gegenwärtige strategische Ausrichtung beibehalten werden kann. Somit führt das Lernen zu einer effizienteren Handhabung der vorhandenen Prozesse, was bedeutet, dass Handlungsergebnisse an die Handlungsstrategien gekoppelt sind. Es handelt sich dabei um eine operative Anpassung.

Double-Loop-Learning:[71] Beim Double-Loop-Learning erfolgt eine Änderung der grundsätzlichen Handlungsweise, da inkrementelle Verbesserungen das Problem nicht lösen lässt. Es handelt sich hierbei um eine strategische Kontrolle.

Deutero-Learning:[72] Hier geht es darum, dass Lernen zu lernen; also mit der Zeit Lösungen zu finden um schneller und besser an Lösungen zu kommen. Somit ist Lernen ein Vorgang, der Leistungsfähiger macht, bzw. Unternehmen schneller und besser auf Veränderungen reagieren oder innovative Lösungen finden lässt.

Da ein Mensch allerdings kulturlos zur Welt kommt,[73] ist es nötig, dass er einen grundlegenden Lernprozess durchmacht, durch den er letztlich kulturelle Basisfähigkeiten erlernt (**Enkulturation**).[74]

Von der Enkulturation ist die **Sozialisation** zu unterscheiden, die zwar auch das Erlenen der Kultur als Basis hat, jedoch in einem milieuspezifischen Zusammenhang, sodass sie ein Teilbereich der Enkulturation ist, die sich wiederum auf den

---

[70] Vgl. Hagemann/Priebe/Berger (2014), S. 75
[71] Vgl. Hagemann/Priebe/Berger (2014), S. 75
[72] Vgl. Hagemann/Priebe/Berger (2014), S. 75, 75; zitiert nach Senge (1962), S. 501
[73] Hagemann/Priebe/Berger (2014), S. 89; zitiert nach Herbrand (2002), S. 16
[74] Vgl. Raithel/Dollinger/Hörmann (2009), S.59, 61; zitiert nach Weizbacher (1963), S. 15

gesamtgesellschaftlichen kulturellen Kontext bezieht.[75] Somit besitzt der Mensch am Ende seiner Sozialisation einen Orientierungsrahmen, sodass er innerhalb seiner Kultur relativ konfliktfrei leben kann.[76]

Allerdings sollte die Sozialisation nicht gleichgesetzt werden mit der Beziehung oder der Personalisation. So gilt sie als übergeordneter Begriff der Erziehung,[77] da ebendiese als „Sozialmachung" bezeichnet wird, wohingegen die Sozialisation als „Sozialwerdung" umschrieben wird.[78]

Die erwähnte Personalisation beschreibt in diesem Kontext die Selbstformung und -steuerung, durch den eine Person ihre Persönlichkeit in Rückwirkung auf die Gesellschaft und der Kultur entfalten kann und so zu einem einzigartigen Individuum wird, da die unterschiedlichen sozialen Erfahrungen zu einer einmaligen Lebenserfahrung führt.[79]

Somit bewirkt das Konzept der Enkulturation eine Aktivierung kultureller Produktivität und Kreativität, die in der Einzigartigkeit des kulturellen Individuums endet.[80]

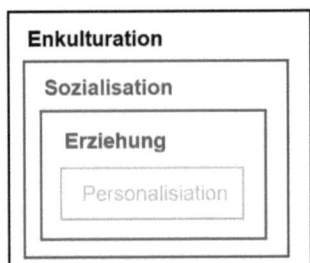

Abbildung 4: Konzept der Enkulturation
(Quelle: Raithel/Dollinger/Hörmann (2009), S. 61; zitiert nach Gudjons (2003), S. 180)

---

[75] Vgl. Raithel/Dollinger/Hörmann (2009), S. 60
[76] Hagemann/Priebe/Berger (2014), S 89
[77] Raithel/Dollinger/Hörmann (2009), S. 60; zitiert nach Durkheim (1973) und Fend (1969)
[78] Vgl. Raithel/Dollinger/Hörmann (2009), S. 60; zitiert nach Tenorth (1992), S. 17
[79] Raithel/Dollinger/Hörmann (2009), S. 60, 61; zitiert nach Wurzbacher (1963) und Helsper (1998), S. 72
[80] Vgl. Raithel/Dollinger/Hörmann (2009), S.59; zitiert nach Weber (1977)

LITERATURVERZEICHNIS

Bauer, T., Arenberg, P. (2018), Wirtschaftsethik. Studienbrief der SRH Fernhochschule Riedlingen. 1. Auflage. Riedlingen

Krause, D. E. (2013), Kreativität, Innovation, Entrepreneurship. Klagenfurt/Celovec

Hagemann, K., Priebe, M., Berger, T. (2014), Unternehmenskultur und interkulturelles Management. Studienbrief der SRH Fernhochschule Riedlingen. 1. Auflage. Riedlingen

Raithel, J., Dollinger, B., Hörmann, G. (2009), Einführung Pädagogik. 3. Auflage. Wiesbaden

Schmidt, M. (2005), Unternehmenskultur. Seminararbeit. 1. Auflage. Norderstedt

Schugk, M. (2014), Interkulturelle Kommunikation in der Wirtschaft. 2. Auflage. München

Wentges, P. (2002), Corporate Governance und Stakeholder-Ansatz. 1. Auflage. Wiesbaden

INTERNETQUELLEN

(o. V.) (2008), GLOBE-Studie. URL: https://www.ikud-seminare.de/veroeffentlichungen/weltweit-erfolgreich-die-globe-studie.html, abgerufen am 16.04.2020.

Brodbeck, F. C. (2008), Suche nach universellen Führungsstandards. URL: https://www.wirtschaftspsychologie-aktuell.de/files/WPa_1-08_Brodbeck.pdf, abgerufen am 16.04.2020.